EL ACANTILADO Y OTROS POEMAS

Robert Edward Gurney

PRÓLOGO Y SELECCIÓN DE ANDRÉS BOHOSLAVSKY

First published in the United Kingdom by Cambria Books 2017

ISBN 978-0-9954608-3-6
Copyright ©2017 Robert Edward Gurney

A CIP record for this book is available from the British Library.

Published by
Llyfrau Cambria Books, Wales, United Kingdom.
Cambria Books is a division of
The Cambria Publishing Co-operative Ltd.

Discover our other books at: www.cambriabooks.co.uk

Portada: *El naufragio de la Helvetia*, William Robert Gurney

Prólogo

Este pequeño libro de Robert Edward Gurney, compuesto por doce poemas, es un tributo a la memoria del escritor Dylan Thomas.

Al recorrer sus hojas encontrarás al hombre, al poeta y su contexto: los lugares, la gente, los objetos. La visión del autor, quien pone a disposición del lector una mirada que revisita todo, permitirá que este nuevo prisma refleje formas nuevas, colores nuevos, palabras nuevas, donde no se pensaba que las había.

El valor de estos poemas de Gurney consiste en eso: encontrar aquello que nadie había visto, pese a tenerlo delante de sus ojos todo el tiempo. La palabra poética, eterna e infinita vuelve a la playa en la que Dylan bañaba sus pies y donde hoy seguramente mojarás tu corazón.

Andrés Bohoslavsky, Argentina, diciembre de 2016

Índice

La espera

Quise escribir hoy sobre la garra del águila
en acero y cromo que envolvía el reloj
que funcionaba mal en el picaporte de la puerta
de la joyería Chambers, en el centro de Luton
hace muchos años.

Quise escribir sobre el paso del tiempo,
sobre el concepto "tempus fugit",
sobre los momentos que escapan
como la presa del águila y los peces del río.

En cambio, me veo en el piso veintiuno
de un hospital de Londres
Guy's and Saint Thomas's
esperando en la sala de análisis
leyendo acerca de la castración y el asesinato
de un amigo colombiano
a causa de un poema.

Abro un paquete que contiene los poemas
The Outrage of the Years, *El ultraje de los años*,
de Harold Alvarado Tenorio,
traducidos por la poeta galesa Rowena Hill
que vive en Venezuela y escribe en español.

Pareciera que los conozco de antes.
Voy a la ventana, el silencio es total.

Veo un helicóptero que desciende sobre un techo
en un edificio delante de mí.
No puedo quitarle los ojos por miedo a perderlo.

Un jet pasa desapareciendo y emergiendo
de las nubes por encima del rascacielos
de Canary Wharf.

Parece flotar al preparar su descenso
en el aeropuerto del distrito financiero.

Abajo, el Puente de la Torre, más pequeño que un juguete
y, a la izquierda, el Puente de los Frailes Negros
desde el cual de golpe imagino el cadáver de Roberto Calvi,
"el banquero de Dios",
como lo llamaban los diarios
ahorcado, con los bolsillos llenos de piedras
que él no había colocado allí, según la policía.

Pienso en masones y mafiosos,
en homicidios rituales.

Luego entra en mi mente
la imagen del fraile negro e inmenso
sumergido en el silencio
que está por encima de la puerta exterior
del pub del Fraile Negro, al otro lado del puente
y mis pensamientos entran y salen de las palabras
escritas en la pared de esa taberna:
"El silencio es oro."

El calabozo de Shenley

Hay un calabozo en Shenley
entre el pub y el estanque.

Está cerrado ahora, lo conservan para los turistas.

Pero cada vez que paso
me veo mirando a través de los barrotes
a Dylan y a uno o dos más
que van y vienen en forma aleatoria.

Siento que pasé en él gran parte de mi vida
como una forma de castigo
sin saber por qué.

Palabras en el agua

Anoche soñé con alguien.

Tenía una red en la mano
como las que usan los niños
para pescar.

Las palabras
"Ruge, ruge contra la muerte de la luz",
y "No entres tan confiado a esa noche oscura"
pasaban flotando sobre el río caudaloso.

Creo que era Dylan
pero podía haber sido Francis Bacon
o yo, de niño,
no lo recuerdo bien.

Agachándome pescaba las letras
poniéndolas desordenadas
junto a mí.

Casa de moda

Es extraño pensar que Dylan caminaba
a orillas del río y jugaba en el pasto
detrás de la Kingsbridge Inn
y el pub Tavern y Trap
y la Escuela de Baile Ken Pollard
en Gorseinon,
todo esto, muy cercano actualmente al edificio
monolítico e insípido
de una casa de moda como ves
en cualquier lugar.

El acantilado

Me tentaba dedicar el poema
'Port Eynon desde el espacio'
a Dylan Thomas
pero pienso que no sería del todo correcto.

Quisiera preguntarle
si vio lo hermoso que es Gower
desde el cielo.

Luego recordé que a Dylan le gustaba
revolcarse en el presente,
en el pasto bajo el acantilado
con Polly Garter.

No creo que esté allí,
el allí de los que creen en el cielo religioso,
con Vicente Huidobro.
Pasaba más tiempo aquí abajo,
caminando a orillas del río
que movía el molino de su tío
en Kingsbridge-Pontybrennin.

Los cuervos

Los habitantes de Port Eynon
tienen un apodo: 'Los cuervos'.

Hay unos árboles altos
en los acantilados llenos de cuervos
que vuelan en contra del viento.

Llaman por encima de 'El Barco'
la taberna donde Dylan los miraba
por uno de los ojos de buey.

Sus graznidos son como manchas negras
en el aire transparente
que golpea el pueblo.

Sentados al calor del fuego los escuchamos.

La Poundffald

Dicen que cada tanto
puedes ver el fantasma de Dylan
en The White Horse Tavern en Nueva York
haciendo girar la mesa como a él le gustaba
y que puedes observar su cabeza
flotando delante de un espejo
o simplemente espiándote
desde el pie de la cama
en una habitación del Chelsea Hotel.

Resulta difícil precisar dónde se sentaba
en la Posada del Poundffald.

Prefiero pensar que estaba allí
en el rincón circular
donde antes se encontraba la perrera.

Ahí es donde lo veo.

Mi amiga Jill,
que vive en Wernffrrwd,
al lado de un arroyo donde las nutrias bajan
para robar sus peces
dice que su tío solía verlo allí
en ese escondite, con la mirada perdida
y el aspecto desprolijo.

La muerte de Dylan

Todo Gales del Sur
parecía estar ardiendo esa tarde
en Guy Fawkes.

Varias columnas de humo negro
se levantaban simultáneamente
en las afueras de Swansea.

En ese momento noté la presencia de Dylan
a través de una cortina oscura.

Lo vi por un instante, luchando por respirar
en una habitación de Nueva York.

La cabeza de Dylan

No sabía que la cabeza de Dylan
yació por años olvidada y denigrada
en una cesta de estilo guillotina
junto con las de Sir William Walton
Sir Thomas Beecham y y Sir Malcolm Sargent.

Lo que somos

Vas al País de Gales, a la casa de los abuelos
en la aldea a orillas del mar
donde los habitantes parecen más reales
que los personajes de *Under Milk Wood*
y donde se nota si sólo una brizna de hierba
ha sido desplazada.

La estatua blanqueada del salvavidas
Billy Gibbs, que murió salvando a otros
está siempre allí, al lado de Saint Cattwg's.

Observas las olas y a la gente que va y viene.

Bajas allí de vez en cuando
estás bien, estás en casa
todo parece igual que siempre.

Algo ocurre que impide que vuelvas,
ella está enferma y te quedas en Inglaterra.

Luego regresas y preguntas,
¿Cómo está la vieja Polly Mumbles
que tenía debilidad por Dylan?
Murió, dicen, el invierno pasado,
a los noventa y dos años.

¿Y el Capitán Perro
que estaba siempre en 'El barco'?
Falleció el verano pasado.

¿Y el señor Pugh, de la Pensión Guesty
a quien le encantaba ofrecerte la cama
donde John Lennon y Yoko Ono durmieron?
Murió en Chipre.

¿Y el Reverendo Jenkins
que necesitaba trajes especiales por su obesidad?
Ya no está.

¿Y el señor Morgan, que cortaba la hierba del cementerio
y sentado en un banco del malecón
profetizaba el fin del mundo?
Tampoco.

Tuvieron funerales fenomenales todos, dicen
pero tú simplemente no sabías.

Zorros

Mientras los zorros caminan sobre ellos
Dylan y Caitlin yacen en el cementerio
de Laugharne.

Las costillas de la embarcación Helvetia
se hunden cada vez más, año tras año,
en las arenas de Rhossili.

Dieciocho poemas

a la memoria de Dylan Thomas

Quería atravesar el río Negro pero no había puente
vi a un barquero con una capucha negra
entonces le pedí que me llevara al otro lado.

"Dieciocho pesos", susurró.

"No tengo dinero, soy solo un poeta", le contesté.

"Acepto poesía", acotó.

"Dieciocho poemas, entonces", repliqué.

"No está mal", me dijo, con un gesto extraño
y entré en la barca.

Por el mismo autor:

La poesía de Juan Larrea

Poemas a la Patagonia

Luton Poems

Nueve monedas para el barquero, Antología

El cuarto oscuro y otros poemas / The Dark Room and Other Poems

La casa de empeño y otros poemas / The Pawn Shop and Other Poems

A Night in Buganda, Tales from Post-Colonial Africa

To Dylan

Dylan's Gower

www.ingramcontent.com/pod-product-compliance
Lightning Source LLC
Chambersburg PA
CBHW060609030426
42337CB00019B/3681